أبــي

اللهم ارحم ابي واجعل المسك ترابه والحرير
فراشه واجعل قبره روضة من رياض الجنة
واغفر له وارحمه برحمتك يآارحم الراحمين

Publics concernés par cet eBook

Ce guide pas à pas peut intéresser plusieurs populations IT :

- DSI ou Responsable Infrastructure
- Architecte Technique /Infrastructure
- Consultant Technique /Infrastructure
- Ingénieur Systèmes /Réseaux
- Administrateur Système /Réseau
- Technicien de Support /Système /Réseau
- Toute personne désirant planifier et mettre en place une stratégie de sauvegarde avec Windows Backup Server 2012 R2

Connaissances souhaitables

Aucune connaissance technique particulière n'est requise, en revanche les connaissances techniques suivantes sont souhaitables :

- Gestion et Administration de Windows Server 2008, 2008 R2, 2012 ou encore 2012 R2
- Connaissance de base sur le Scripting (Batch ou PowerShell) ou les outils en ligne de commande Windows

Contacter l'Auteur

Vos Feedbacks, commentaires et/ou questions techniques concernant ce guide peuvent être envoyés à l'adresse suivante : feedbacks@becomeitexpert.com

Vous pouvez :
- Suivre l'auteur sur Twitter :
  https://twitter.com/hicham_kadiri
- Se connecter avec lui sur LinkedIn :
  https://fr.linkedin.com/in/hichamkadiri
- Se connecter avec lui sur Viadeo :
  http://fr.viadeo.com/fr/profile/hicham.kadiri
- S'abonner à son Blog IT :
  https://hichamkadiri.wordpress.com

Typographie

Dans ce document, la typographie suivante est utilisée:

 DECISION ou VALIDATION

 NOTE ou REMARQUE

 AVERTISSEMENT

 ACTION A FAIRE

 PARAMETTRE ou CONFIGURATION

TABLE DES MATIERES

CHAPITRE 1. INTRODUCTION 2

Objectif de cet eBook 2

Sauvegarde Windows Server, qu'est-ce que c'est ? 3

Ce que vous devez connaître 5

Installer « Sauvegarde Windows Server » 6
Installation à l'aide du Gestionnaire de Serveur 7
Installation à l'aide de Windows PowerShell 11

CHAPITRE 2. LES OUTILS DE SAUVEGARDE WINDOWS QUE VOUS DEVEZ CONNAITRE 13

Introduction 13

Utilisation de l'outil WBAdmin.msc 13

Utilisation de l'outil WBAdmin.exe 16

Utilisation du module PowerShell "WindowServerBackup" 18

CHAPITRE3. SCENARIO « REAL-WORLD » DE CREATION D'UNE POLITIQUE DE SAUVEGARDE
.... 22

Préparer votre « Bac à sable » 22
Informations techniques 22
Hyperviseur 23

Description du scénario 23

Stratégie de sauvegarde, qu'est-ce que c'est ? 24

Création de la stratégie de sauvegarde 24

Sauvegarde via Windows PowerShell (module WindowsServerBackup)..25

Sauvegarde via WBAdmin.exe...............................29

Auditer les sauvegardes et les éléments de récupération 37

Restauration du système et des données 38

Générer des rapports de sauvegarde 39

Le script de sauvegarde que vous devez avoir dans votre "Toolbox"..43

Les sauvegardes sont-elles chiffrées ? 47

Chiffrement de disque avec « BitLocker » 48

Limitations de la fonctionnalité « Sauvegarde Windows Server » 49

Déléguer les tâches de sauvegarde 50

Liens et documentations utiles 51

A PROPOS DE L'AUTEUR 53

DECOUVREZ MES AUTRES BOOKS /EBOOKS .. 54

Chapitre 1. Introduction

Objectif de cet eBook

Cet eBook décrit en détail la fonctionnalité « Sauvegarde Windows Server » fournie (par défaut) avec Windows Server 2012 R2.

Les différentes méthodes de mise en œuvre, configuration et gestion de la solution sont détaillées dans cet eBook.

L'ouvrage repose sur la mise en place d'un projet « Real-World » de mise en œuvre d'une stratégie de sauvegarde à l'aide de la fonctionnalité « Sauvegarde Windows Server » pour protéger une infrastructure système Windows Server 2012 R2.

Plusieurs outils et scripts développés par l'auteur sont fournis avec le présent eBook. Ces derniers peuvent vous aider à accélérer le processus d'implémentation mais aussi vous faciliter la gestion de la solution de sauvegarde au quotidien.

A la fin de cet eBook, vous serez capable de :

- Planifier et mettre en place une stratégie de Sauvegarde Windows Server 2012 R2
- Créer et configurer des sauvegardes Windows Server
- Exécuter les sauvegardes "Manuellement"
- Planifier et automatiser l'exécution des sauvegardes
- Restaurer les fichiers, dossiers et volumes
- Récupérer l'état du système.
- Restaurer les données des applications
- Créer et restaurer un annuaire Active Directory
- Créer un rapport de sauvegarde quotidien

Sauvegarde Windows Server, qu'est-ce que c'est ?

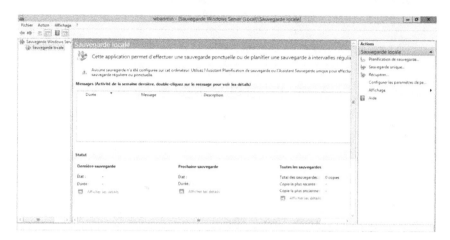

Sauvegarde Windows Server est une fonctionnalité native dans Windows Server 2012 R2. Elle vous permet de sauvegarder et restaurer l'intégralité de votre serveur, données des applications, volumes, dossiers et fichiers ou encore l'état du système.

Il s'agit d'une solution de sauvegarde flexible et puissante qui peut vous aider à bâtir un **PRA** optimisé (**P**lan de **R**eprise d'**A**ctivité ou **DRP** en anglais pour **D**isaster **R**ecovery **P**lan) pour rétablir votre environnement de production en cas de problème.

Les sauvegardes peuvent être stockées sur un ou plusieurs disques, un ou plusieurs volumes, DVDs, médias distants ou partages réseaux.

Vous pouvez réaliser vos sauvegardes « manuellement » en utilisant les assistants intégrés dans la console de gestion « Sauvegarde Windows Server » ou planifiez leur exécution automatique en configurant des sauvegardes planifiées ou des scripts basés sur les outils CLI détaillés dans le chapitre 2 du présent eBook.

La console de gestion (snap-in MMC) de la fonctionnalité « Sauvegarde Windows Server » est fournie par défaut avec Windows Server 2012 R2.

Saisissez **Control AdminTools** depuis le Menu « **Exécuter** », validez ensuite en cliquant sur « **OK** » et notez la disponibilité de l'outil « **Sauvegarde Windows Server** » :

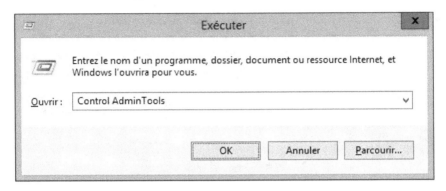

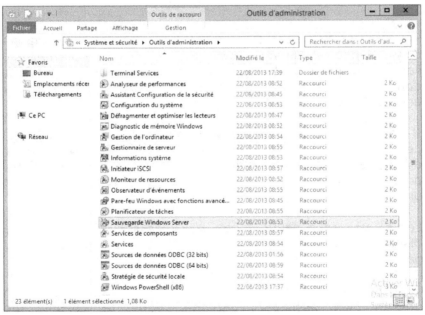

Comme illustrée dans l'image ci-après, la fonctionnalité de sauvegarde n'est pas installée par défaut. Reportez-vous à la section suivante pour en savoir plus sur les différentes méthodes et outils d'installation :

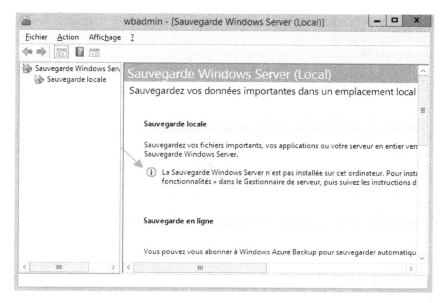

La fonctionnalité « Sauvegarde Windows Server » n'est pas installée par défaut mais sa console MMC l'est et disponible dans le dossier « Outils d'administration ».

Ce que vous devez connaître

La fonctionnalité "Sauvegarde Windows Server" vous permet de créer des sauvegardes complètes pour pouvoir restaurer votre environnement sans avoir besoin d'utiliser plusieurs fichiers de sauvegarde. Cependant, ces sauvegardes sont optimisées pour se comporter comme des sauvegardes incrémentielles, améliorer les performances de sauvegarde et économiser de l'espace disque.

Par ailleurs, si vous utilisez un disque ou un volume pour stocker les sauvegardes, la Sauvegarde Windows Server supprime automatiquement les anciennes sauvegardes lorsque l'emplacement de stockage arrive à saturation.

De plus, lorsque vous créez une sauvegarde et que vous l'enregistrez dans un emplacement de stockage, elle est enregistrée dans un dossier nommée :

WindowsImageBackup

Ce dossier comprend des fichiers de catalogue qui contiennent des informations sur toutes les sauvegardes, incluant la sauvegarde actuelle, ainsi qu'un fichier **MediaId** qui contient l'identificateur pour l'emplacement de stockage des sauvegardes. Ces informations sont requises lors d'une récupération.

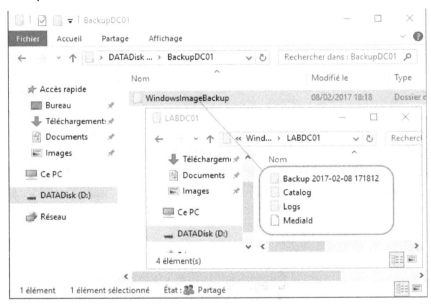

Installer « Sauvegarde Windows Server »

La fonctionnalité « Sauvegarde Windows Server » peut être installée via :

- Le Gestionnaire de Serveur
- Windows PowerShell : via l'utilisation de la Cmd-Let Add-WindowsFeature

Installation à l'aide du Gestionnaire de Serveur

Suivez les instructions suivantes pour installer correctement la fonctionnalité « Sauvegarde Windows Server » via le Gestionnaire de Serveur :

- Lancez le Gestionnaire de Serveur depuis le serveur sur lequel vous souhaitez installer la fonctionnalité
- Depuis le volet « **Tableau de bord** », cliquez sur « **Ajouter des rôles et des fonctionnalités** »

Cet assistant peut également être lancé depuis le Menu <u>Gérer</u> > <u>Ajouter des rôles et fonctionnalités</u>. Voir image ci-après :

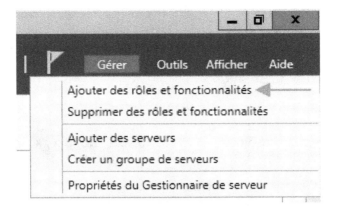

- La page « **Avant de commencer** » apparaît, prenez connaissance des informations affichées et cliquez sur « **Suivant** » pour continuer
- L'installation sera basée sur une fonctionnalité Windows, cochez donc la première option et cliquez sur « **Suivant** » :

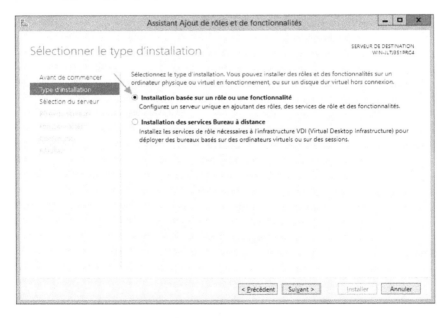

- Sélectionnez votre serveur et cliquez sur « Suivant » :

- Localisez et cochez la fonctionnalité « **Sauvegarde Windows Server** », cliquez ensuite sur « **Suivant** » pour continuer :

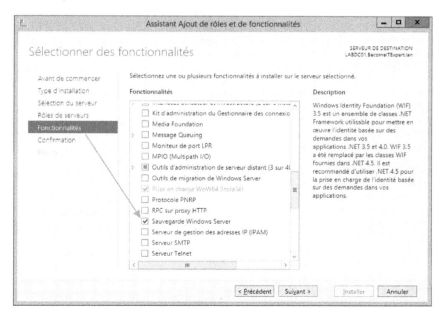

- Cliquez sur « **Installer** » pour démarrer l'installation :

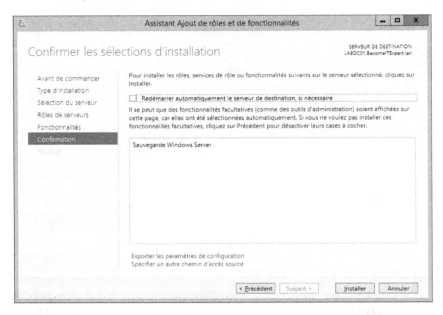

- Si l'installation s'est effectuée avec succès, vous devez avoir le résultat suivant (**Installation réussie**) :

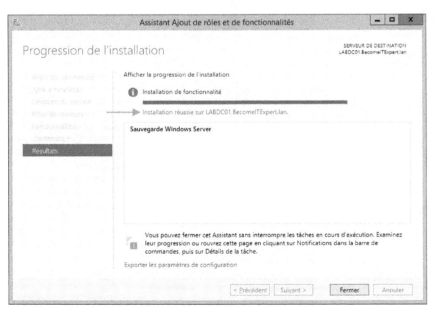

- Enfin, cliquez sur « **Fermer** » pour fermer l'assistant d'Ajout de rôles et de fonctionnalités.

Installation à l'aide de Windows PowerShell

Suivez les instructions suivantes pour installer correctement la fonctionnalité « Sauvegarde Windows Server » via Windows PowerShell :

- Lancez Windows PowerShell (en tant qu'Administrateur) depuis le serveur sur lequel vous souhaitez installer la fonctionnalité
- Saisissez la commande suivante pour installer la fonctionnalité « Sauvegarde Windows Server » dont le nom du binaire est **Windows-Server-Backup :**

Add-WindowsFeature Windows-Server-Backup -IncludeManagementTools

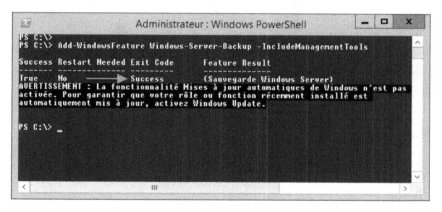

Le paramètre –IncludeManagementTools permet d'installer automatiquement les outils de gestion de la fonctionnalité, notamment WBAdmin.exe et le module PowerShell « WindowsServerBackup ».

 Le nom de la Fonctionnalité à installer doit être saisi en respectant les lettres Majuscules et minuscules. Notez que Windows PowerShell n'est pas sensible à la casse mais certaines Cmd-Lets exigent la saisie du nom exact des valeurs pour être exécutées.

 Si toutefois, vous oubliez le nom du binaire correspondant à la fonctionnalité « Sauvegarde Windows Server », vous pouvez utiliser la commande suivante pour le retrouver : <u>Get-WindowsFeature *Backup* | FT -AutoSize</u>

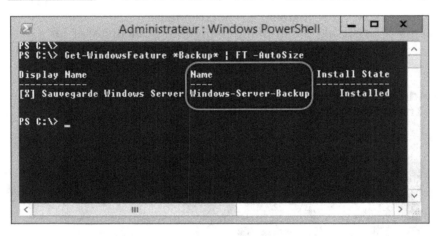

Chapitre 2. Les outils de sauvegarde Windows que vous devez connaître

Introduction

Plusieurs outils de gestion (GUI* & CLI**) sont fournis avec la fonctionnalité « Sauvegarde Windows Server », à savoir :

Outils de sauvegarde « GUI »
- WBAdmin.msc : console MMC

Outils de sauvegarde « CLI »
- WBAdmin.exe
- Module PowerShell "WindowsServerBackup

* : Graphical User Interface
** : Command Line Interface

Ce chapitre décrit en détails tous les outils de gestion (graphique et en ligne de commande) listés ci-dessus pour créer et gérer correctement vos sauvegardes sous Windows Server 2012 R2.

Utilisation de l'outil WBAdmin.msc

WBAdmin.msc correspond à la console MMC « Sauvegarde Windows Server ». Dès que la fonctionnalité est installée, vous pouvez lancez cet outil en saisissant WBAdmin.msc depuis le Menu « Exécuter » ou directement depuis le dossier « Outils d'administration » comme montré précédemment.

Au lancement, l'outil détecte la disponibilité (ou non disponibilité) de la fonctionnalité « Sauvegarde Windows Server ». Si cette dernière est présente sur votre serveur, WBAdmin.msc affiche les informations suivantes :

Les principales commandes se trouvent sur le volet « **Actions** » droit :

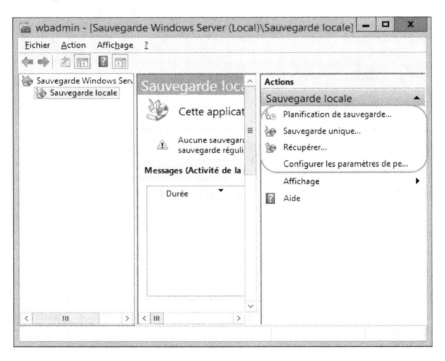

Le volet « **Actions** » regroupe les 4 commandes suivantes :

- **Planification de sauvegarde...** : cette commande fait apparaît un assistant qui vous permet de planifier et configurer une sauvegarde en sélectionnant les éléments à sauvegarder, quand et ou les sauvegarder.
- **Sauvegarde unique...** : vous permet de réaliser une sauvegarde complète (One-Time Backup) de votre serveur mais aussi de modifier les éléments configurés dans une sauvegarde planifiée (via la première commande « Planification de sauvegarde... »)

- **Récupérer...** : vous permet d'effectuer une restauration d'un fichier, dossiers, volumes ou encore votre serveur dans son intégralité avec l'état du système

- **Configurer les paramètres de performances...** : vous permet d'optimiser les performances de vos sauvegardes en configuration l'une des options suivantes :

Notez que cette commande peut être utilisée uniquement dans le cas d'une sauvegarde de volumes. Si vous utilisez la fonctionnalité « Sauvegarde Windows Server » pour protéger vos données, dossiers et fichiers uniquement, vous n'aurez donc pas à configurer ces options d'optimisation de performances.

Utilisation de l'outil WBAdmin.exe

WBAdmin.exe est un outil en ligne de commande qui vous permet de planifier, créer, modifier et démarrer vos sauvegardes Windows Server.

Il vous permet également de restaurer votre environnement à partir des sauvegardes existantes : restaurer les données de vos applications, dossiers, fichiers ou le serveur dans son intégralité.

Comment ça marche ?

L'outil WBAdmin est automatiquement installé avec la fonctionnalité « Sauvegarde Windows Server ».

Il est accessible depuis l'invite de commande (CMD.exe), il suffit donc de saisir WBAdmin.exe depuis celle-ci pour faire apparaître l'aide en ligne suivant :

```
                    Administrateur : Invite de commandes                 _  □  x

C:\>WBAdmin.exe /?
wbadmin 1.0 - Outil en ligne de commande de sauvegarde
(C) Copyright 2013 Microsoft Corporation. Tous droits réservés.

---- Commandes prises en charge ----

ENABLE BACKUP     -- Crée ou modifie une planification de sauvegarde quotidienne.
DISABLE BACKUP          -- Désactive les sauvegardes planifiées.
START BACKUP            -- Exécute une sauvegarde ponctuelle.
STOP JOB                -- Arrête l'opération de sauvegarde ou de
                           récupération en cours d'exécution.
GET VERSIONS            -- Affiche la liste détaillée des sauvegardes
                           pouvant être récupérées à partir d'un emplacement
spécifié.
GET ITEMS         -- Affiche la liste des éléments contenus dans une sauvegarde.
START RECOVERY          -- Exécute une récupération.
GET STATUS              -- Affiche l'état de l'opération en cours
                           d'exécution.
GET DISKS         -- Affiche la liste des disques actuellement connectés.
GET VIRTUALMACHINES     -- Répertorie les ordinateurs virtuels
                           Hyper-V actuels.
START SYSTEMSTATERECOVERY -- Exécute une récupération de l'état du système.
START SYSTEMSTATEBACKUP   -- Exécute une sauvegarde de l'état du système.
DELETE SYSTEMSTATEBACKUP  -- Supprime une ou plusieurs sauvegardes de l'état du
système.
DELETE BACKUP           -- Supprime une ou plusieurs sauvegardes.

C:\>_
```

Comme illustré dans l'image ci-dessus, l'outil regroupe 14 commandes qui vous permettent de réaliser les différentes opérations liées à la sauvegarde et restauration de votre serveur et les données qu'il héberge :

Opérations de Sauvegarde

- ENABLE BACKUP
- DISABLE BACKUP
- START BACKUP
- STOP JOB
- START SYSTEMSTATEBACKUP
- DELETE SYSTEMSTATEBACKUP
- DELETE BACKUP

Opérations de restauration

- START RECOVERY
- START SYSTEMSTATERECOVERY

Opérations diverses

- GER VERSIONS
- GET ITEMS
- GET STATUS
- GET DISKS
- GET VIRTUALMACHINES

Un article détaillant chaque commande de l'outil WBAdmin.exe est disponible à l'URL suivante :
https://technet.microsoft.com/fr-fr/library/cc754015(v=ws.11).aspx

Utilisation du module PowerShell "WindowServerBackup"

Un module PowerShell nommé **WindowsServerBackup** est fourni par défaut avec Windows Server 2012 R2. Ce module est dédié à la gestion de la fonctionnalité « Sauvegarde Windows Server ».

Il regroupe 49 Cmd-Lets qui vous permettent de réaliser toutes les opérations de sauvegarde et restauration disponibles dans la console graphique MMC « Sauvegarde Windows Server ».

Lancez Windows PowerShell et saisissez la commande suivante pour obtenir la liste complète des Cmd-Lets du module « WindowsServerBackup » :

Get-Command –Module WindowsServerBackup

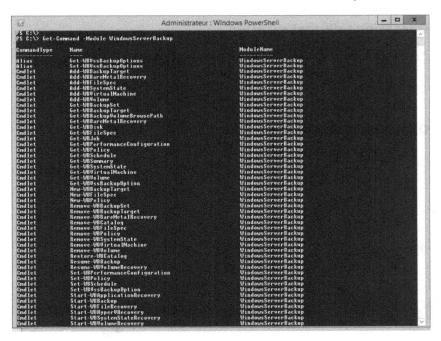

Ce module contient 49 Cmd-Lets. Vous pouvez le constater en saisissant les commandes suivantes :

$ListeCommande = Get-Command –Module WindowsServerBackup

$ListeCommande.Count

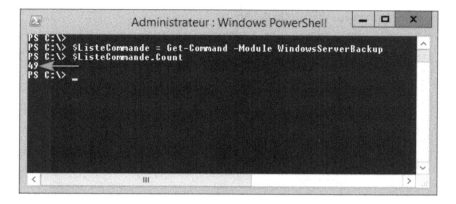

Ces Cmd-Lets vous permettent de réaliser les différentes opérations liées à la sauvegarde et restauration de votre serveur et les données qu'il héberge :

Opérations de Sauvegarde

- Get-WBVssBackupOptions

- Set-WBVssBackupOptions

- Add-WBBackupTarget

- Stop-WBJob

- Add-WBSystemState

- Add-WBVirtualMachine

- Add-WBVolume

- Get-WBBackupSet

- Get-WBBackupTarget

- Get-WBBackupVolumeBrowsePath

- Get-WBVssBackupOption

- New-WBBackupTarget

- New-WBFileSpec
- New-WBPolicy
- Remove-WBBackupSet
- Remove-WBBackupTarget
- Start-WBBackup
- Set-WBPerformanceConfiguration
- Set-WBPolicy
- Set-WBSchedule
- Set-WBVssBackupOption
- Resume-WBBackup

Opérations de restauration

- Resume-WBVolumeRecovery
- Remove-WBBareMetalRecovery
- Get-WBBareMetalRecovery
- Add-WBBareMetalRecovery
- Start-WBApplicationRecovery
- Start-WBFileRecovery
- Start-WBHyperVRecovery
- Start-WBSystemStateRecovery
- Start-WBVolumeRecovery
- Restore-WBCatalog

Opérations diverses

- Add-WBFileSpec
- Get-WBDisk
- Get-WBFileSpec
- Get-WBJob

- Get-WBPerformanceConfiguration
- Get-WBPolicy
- Get-WBSchedule
- Get-WBSummary
- Get-WBSystemState
- Get-WBVirtualMachine
- Get-WBVolume
- Remove-WBCatalog
- Remove-WBFileSpec
- Remove-WBPolicy
- Remove-WBSystemState
- Remove-WBVirtualMachine
- Remove-WBVolume

Un article détaillant chaque Cmd-Let du module WindowsServerBackup est disponible à l'URL suivante : https://technet.microsoft.com/library/j j902428.aspx

Le chapitre suivant décrit un scénario d'implémentation d'une stratégie de sauvegarde pour protéger une infrastructure Windows Server 2012 R2, incluant l'annuaire Active Directory.

Nous utiliserons les outils CLI ainsi que la console MMC « Sauvegarde Windows Server » pour répondre au besoin décrit dans la section « Description du scénario ».

Reportez-vous à la section suivante pour en savoir plus.

Chapitre3. Scénario « Real-World » de création d'une politique de Sauvegarde

Cet eBook repose sur la mise en place d'un projet d'implémentation d'une stratégie de sauvegarde pour sécuriser une infrastructure système composée des serveurs suivants :

- LABDC01 : Contrôleur de domaine 2012 R2 Server
- LABRDS01 : Serveur de Publication d'Apps 2012 R2 Server

Reportez-vous à la section suivante pour en savoir plus sur notre infrastructure de test (Bac à sable).

Préparer votre « Bac à sable »

Informations techniques

Elément	Description
Nom DNS du domaine	BecomeITExpert.Lan
Nom NetBIOS du domaine	BecomeITExpert
DHCP Activé	Non
ID Réseau	10.100.10.0
Masque de sous-réseau	255.255.255.0
IP du DNS serveur principal	10.100.10.**10**

Rôle du serveur	Nom d'hôte	@IP	Version OS
Contrôleur de domaine	LABDC1	10.100.10.10	2012 R2 Standard
Serveur RDS	LABRDS01	10.100.10.11	2012 R2 Standard

Les vDisks des deux serveurs doivent être configurés de la manière suivante :

Serveur	Nbre vDisks	Partitions	Taille vDisks
LABDC01	2	C:\	50Go
		D:\	50Go
LABRDS01	2	C:\	50Go
		D:\	50Go

Hyperviseur

Plusieurs Hyperviseurs peuvent être utilisés pour mettre en place l'infrastructure décrite ci-dessus, notamment :

- ⇢ VMware ESXi /Workstation /Fusion
- ⇢ Microsoft Hyper-V (Serveur ou Client)
- ⇢ Oracle VM VirtualBox
- ⇢ Proxmox VE

VMware Workstation en version 10 (10.0.7 build-2844087) a été utilisé pour la mise en place du LAB.

Description du scénario

L'infrastructure cible est composée d'un domaine Active Directory 2012 R2 géré par le DC « LABDC01 » et d'un serveur RDS « LABRDS01 » hébergeant des ressources publiées (e.g : Microsoft Office 2013, Notepad++ 7.3.1 et Internet Explorer 11).

En tant qu'Administrateur ou Ingénieur Système Windows, vous avez comme mission la protection de ces deux serveurs, et ce en mettant en place une politique de sauvegarde, qui vous permettra de rétablir votre environnement en cas de problème : crash d'un serveur ou perte de données (suppression accidentelle d'un ou plusieurs fichiers ou dossiers).

Stratégie de sauvegarde, qu'est-ce que c'est ?

Une stratégie de sauvegarde vous permet de définir :

- **QUOI SAUVEGARDER**
- **QUAND SAUVEGARDER**
- **Et OU SAUVEGARDER**

Au lieu de sélectionner des éléments à sauvegarder lors de chaque exécution de l'outil de sauvegarde, une stratégie vous offre la possibilité de définir tout ce que vous souhaitez sauvegarder et le processus s'exécute d'une manière automatiquement, et ce sans aucune intervention de votre part.
La fonctionnalité « Sauvegarde Windows Server » permet la planification de sauvegarde d'une manière quotidienne, hebdomadaire ou mensuelle.

De plus, les fichiers de sauvegarde peuvent être stockés localement sur un disque local autre que celui à sauvegarder, un support de stockage externe (disque dur externe) ou sur le réseau (partage réseau).

Enfin, elle peut être utilisée pour sauvegarder des fichiers /dossiers, des données d'application ou encore le serveur en entier incluant son état du système.

Création de la stratégie de sauvegarde

La politique de sauvegarde à mettre en place est détaillée dans le tableau suivant :

Serveur	Quoi	Quand	Ou
LABDC01	Tout le serveur	Deux fois par jour • 13H00 • 21H00	Dossier partagé sur LABRDS01 : \\LABRDS01\BackupDC01
LABRDS01	Les dossiers D:\DATA et D:\APPS	Une fois par jour • 22H00	Dossier partagé sur LABDC01 : \\LABDC01\BackupRDS01

Le Contrôleur de domaine LABDC01 sera sauvegardé d'une manière quotidienne, aux heures suivantes :

- 13H00
- 21H00

La sauvegarde sera stockée sur un partage réseau hébergé sur le serveur LABRDS01 : \\LABRDS01**BackupDC01**

En ce qui concerne le serveur LABRDS01, seulement ses dossiers DATA et APPs placés dans D:\ seront sauvegardés, tous les jours à 22H.

Les fichiers de sauvegarde seront stockés cette fois-ci sur un partage réseau hébergé sur le serveur LABDC01 : **LABDC01\BackupRDS01**

Les deux sauvegardes seront réalisées via les différents outils détaillés dans le chapitre 2. Cela vous permettra de vous familiariser avec chaque outil et ses paramètres associés.

Sauvegarde via Windows PowerShell (module WindowsServerBackup)

Cette section détaille les instructions techniques à suivre pour créer une stratégie de sauvegarde qui vous permettra de sauvegarder et restaurer les dossiers D:\DATA et D:\APPs du serveur LABRDS01, et ce à l'aide du module PowerShell « WindowsServerBackup », pour ce faire :

- Ouvrez une Session Windows sur le serveur LABDC01
- Créez un dossier nommé « BackupRDS01 » dans D:\
- Partagez le dossier et spécifiez **BackupRDS01$** comme nom de partage

Le symbole $ permet de créer un dossier partagé « Caché ».
Le partage à spécifier lors de la configuration de la sauvegarde sera donc : \\LABDC01\BackupRDS01$

- Editez les autorisations du partage et attribuez le droit « **Contrôle total** » pour le serveur « LABRDS01 » ainsi qu'au compte Administrateur du domaine. Dans l'exemple suivant (et pour des raisons de sécurité), le compte BecomeITExpert**HKadmin** est ajouté, il est membre du groupe « **Admins du Domaine** ».
- Le compte AD « Administrateur » par défaut ne sera pas utilisé !
- Assurez-vous d'attribuer le droit « Contrôle total » qu'à ces deux objets AD, cela permettra de sécuriser l'accès (en lecture et écriture) au partage BackupRDS01$ hébergeant les fichiers de sauvegardes des dossiers D:\\DATA et D:\\APPs :

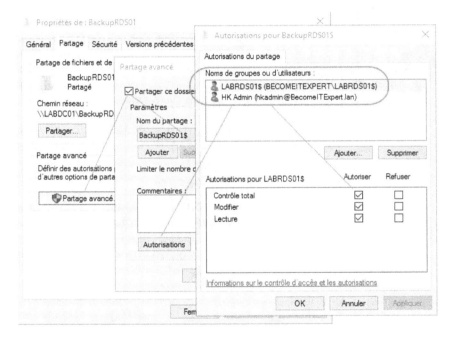

- Maintenant, ouvrez une Session Windows sur le serveur LABRDS01 et lancez Windows PowerShell ISE (en tant qu'Administrateur)
- Cliquez sur « **Fichier** » > « **Nouveau** » ou le bouton « **Nouveau** » disponible depuis la barre d'outils :

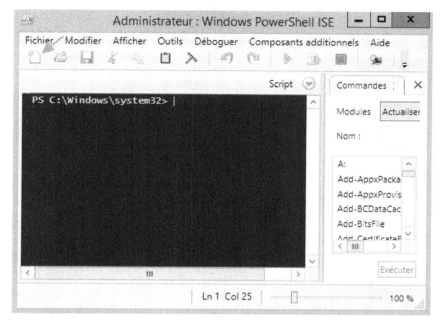

- Saisissez les commandes suivantes pour créer une nouvelle stratégie de sauvegarde avec les informations suivantes :
  - Eléments à sauvegarder : **D:\APPs et D:\DATA**
  - Emplacement : **\\LABDC01\BackupRDS01$**
  - Type de sauvegarde : **Quotidienne**
  - Heure de démarrage de la sauvegarde : **22H**

```
# Création de la stratégie de sauvegarde
$MaStrategie = New-WBPolicy

# Ajout des dossiers D:\APPs et D:\DATA à la Stratégie de
sauvegarde
$Elements2sauvegarde = New-WBFileSpec -FileSpec
D:\APPS,D:\DATA
Add-WBFileSpec -Policy $MaStrategie -FileSpec
$Elements2sauvegarde

# Configuration de l'emplacement de stockage
$EmplacementSauvegarde = New-WBbackupTarget -NetworkPath
\\LABDC01\BackupRDS01$\LABRDS01

# Pour planifier l'exécution de la sauvegarde chaque jour
à 22H
Set-WBSchedule -Policy $MaStrategie -Schedule 22:00

# Pour sauvegarder la stratégie de Sauvegarde
Set-WBPolicy -Policy $MaStrategie
```

```
# Exécuter la sauvegarde manuellement
Start-WBBackup -Policy $MaStrategie
```

Si vous voulez utiliser le module PS « WindowsServerBackup » pour effectuer une sauvegarde « Bare-Metal » de votre serveur et la stocker sur un volume /disque local (D:), utilisez les commandes suivantes :

```
$MaStrategie = New-WBPolicy
$MaStrategie | Add-WBBareMetalRecovery
$MaStrategie | Add-WBSystemState
$VolumeSource = Get-WBVolume C:
Add-WBVolume -Policy $MaStrategie -Volume $VolumeSource
$Volume2sauvegarde = New-WBBackupTarget -Volume (Get-
WBVolume D:)
Add-WBBackupTarget -Policy $MaStrategie -Target
$Volume2sauvegarde
Set-WBSchedule -Policy $MaStrategie -Schedule 22:00
Set-WBPolicy -Policy $MaStrategie
Start-WBBackup -Policy $MaStrategie
```

Enfin, vous pouvez surveiller vos sauvegardes à l'aide de la Cmd-Let suivante:

Get-WBSummary

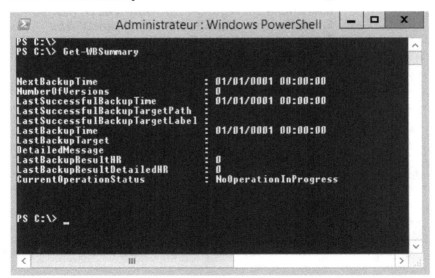

Sauvegarde via WBAdmin.exe

Cette section détaille les instructions techniques à suivre pour sauvegarder et restaurer le contrôleur de domaine LABDC01 à l'aide de l'outil en ligne de commande WBAdmin.exe :

- Ouvrez une Session Windows sur le serveur LABRDS01
- Créez un dossier nommé « **BackupDC01** » dans D:\
- Partagez le dossier et spécifiez **BackupDC01$** comme nom de partage

 Le symbole $ permet de créer un dossier partagé « Caché ».
Le partage à spécifier lors de la configuration de la sauvegarde sera donc :
\\LABDC01\BackupDC01$

- Editez les autorisations du partage et attribuez le droit « **Contrôle total** » pour le DC « LABDC01 » ainsi qu'au compte Administrateur du domaine. Dans l'exemple suivant (et pour des raisons de sécurité), le compte BecomeITExpert**HKadmin** est ajouté, ce dernier est membre du groupe « **Admins du Domaine** ».
- Le compte AD « Administrateur » par défaut ne sera pas utilisé !
- Assurez-vous d'attribuer le droit « Contrôle total » qu'à ces deux objets AD, cela permettra de sécuriser l'accès (en lecture et écriture) au partage BackupDC01 hébergeant les fichiers de sauvegardes du contrôleur de domaine LABDC01.

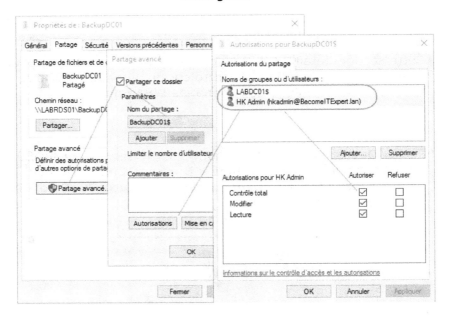

- Maintenant, ouvrez une Session Windows sur le DC LABDC01 et lancez l'invite de commande en tant qu'Administrateur.

- Saisissez ensuite les commandes suivantes pour créer une sauvegarde de l'état système de votre DC :

**WBAdmin Start SystemStateBackup
-BackupTarget:\\LABRDS01\BackupDC01$ -Quiet**

- Vous serez invite à saisir le nom d'utilisateur et mot de passe si l'invite de commande a été lancée avec un compte utilisateur autre que celui spécifié dans les autorisations du partage

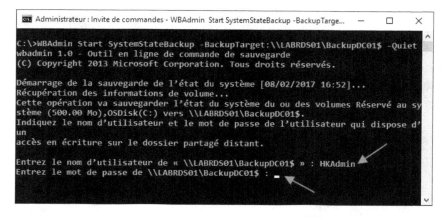

- Le processus de sauvegarde et création de clichés instantanés démarrent :

```
Administrateur : Invite de commandes - WBAdmin Start SystemSt...    —  □  X
(C) Copyright 2013 Microsoft Corporation. Tous droits réservés.

Démarrage de la sauvegarde de l'état du système [15/02/2017 03:26]...
Récupération des informations de volume...
Cette opération va sauvegarder l'état du système du ou des volumes OS
rs \\LABRDS01\BackupDC01$.
Création d'un cliché instantané des volumes spécifiés pour la sauvega
Création d'un cliché instantané des volumes spécifiés pour la sauvega
La Sauvegarde Windows Server met à jour la sauvegarde existante pour
es fichiers
qui ont été supprimés du serveur depuis la dernière sauvegarde.
Cette opération peut prendre quelques minutes.
(160) fichiers trouvés.
(1139) fichiers trouvés.
(4882) fichiers trouvés.
(9553) fichiers trouvés.
(14270) fichiers trouvés.
(23182) fichiers trouvés.
(25592) fichiers trouvés.
(27436) fichiers trouvés.
(29323) fichiers trouvés.
(37260) fichiers trouvés.
(42808) fichiers trouvés.
(46990) fichiers trouvés.
(47927) fichiers trouvés.
(49064) fichiers trouvés.
(50335) fichiers trouvés.
(53500) fichiers trouvés.
(59587) fichiers trouvés.
(65490) fichiers trouvés.
(71835) fichiers trouvés.
(78180) fichiers trouvés.
(89975) fichiers trouvés.
```

31

```
■ Administrateur : Invite de commandes - WBAdmin  Start SystemStateBackup ...   —  □   x
(101988) fichiers trouvés.
(108523) fichiers trouvés.
(110531) fichiers trouvés.
(110531) fichiers trouvés.
La recherche des fichiers sur l'état du système est terminée.
Démarrage de la sauvegarde des fichiers...
La sauvegarde des fichiers signalés par « Task Scheduler Writer » est terminée
La sauvegarde des fichiers signalés par « USS Metadata Store Writer » est term
ée.
La sauvegarde des fichiers signalés par « Performance Counters Writer » est te
inée.
État d'avancement : 0 %.
Sauvegarde des fichiers signalés par « System Writer » en cours...
État d'avancement : 1 %.
Sauvegarde des fichiers signalés par « System Writer » en cours...
État d'avancement : 1 %.
Sauvegarde des fichiers signalés par « System Writer » en cours...
État d'avancement : 2 %.
Sauvegarde des fichiers signalés par « System Writer » en cours...
État d'avancement : 3 %.
Sauvegarde des fichiers signalés par « System Writer » en cours...
État d'avancement : 6 %.
Sauvegarde des fichiers signalés par « System Writer » en cours...
État d'avancement : 8 %.
Sauvegarde des fichiers signalés par « System Writer » en cours...
État d'avancement : 11 %.
Sauvegarde des fichiers signalés par « System Writer » en cours...
État d'avancement : 14 %.
Sauvegarde des fichiers signalés par « System Writer » en cours...
État d'avancement : 14 %.
Sauvegarde des fichiers signalés par « System Writer » en cours...
État d'avancement : 18 %.
Sauvegarde des fichiers signalés par « System Writer » en cours...
État d'avancement : 20 %.
Sauvegarde des fichiers signalés par « System Writer » en cours...
```

Notez que sur Windows Server 2012 R2, il existe plus de 110.000 fichiers sur l'état du système (~110.xxx). Ces derniers occupent un peu plus que 6 Gigaoctet sur l'emplacement de stockage de sauvegarde spécifié. Pensez donc à vérifier l'espace disque libre sur l'emplacement de stockage configuré

```
(101988) fichiers trouvés.
(108523) fichiers trouvés.
(110531) fichiers trouvés.
(110531) fichiers trouvés.
La recherche des fichiers sur l'état du système est terminée.
Démarrage de la sauvegarde des fichiers...
La sauvegarde des fichiers signalés par « Task Scheduler Writer
```

Le paramètre –Quiet permet l'exécution de la commande sans « Invite utilisateur ». c'est-à-dire qu'aucune intervention de votre part n'est requise. Les valeurs de paramètres seront auto-validées par l'outil WBAdmin.exe

Pour effectuer une Sauvegarde de type "Bare-Metal" permettant la restauration de votre infrastructure AD (en cas de crash ou "Downtime" total du service), il est recommandé d'utiliser La commande WBAdmin.exe Start SystemStateBackup

Consultez l'article suivant pour en savoir plus :
https://technet.microsoft.com/en-us/library/cc732238(v=ws.10).aspx#BKMK_FullBackup

Une autre technique qui vous permet d'effectuer une sauvegarde complète de votre DC consiste à exécuter la commande suivante : WBAdmin Start Backup BackupTarget:"\\LABRDS01\BackupDC01$" -allCritical -vssFull -Quiet

Si vous devez sauvegarder un volume et/ou dossier uniquement, la commande suivante est utilisée. Dans l'exemple suivant, le dossier D:\LOGs ainsi que le volume (partition C:\) seront sauvegardés dans le partage \\LABRDS01\BackupDC01$

WBAdmin Start Backup –Include:C:\,D:\LOGs –BackupTarget:\\LABRDS01\BackupDC01$ -Quiet

Enfin, pour créer une Sauvegarde planifiée (sauvegarde quotidienne à 13H et 21H) du dossier C:\ et D:\LOGs en

spécifiant \\LABRDS01\BackupDC01$ comme emplacement de sauvegarde, la commande suivante est utilisée :

WBAdmin Enable Backup -Include:C:\,D:\LOGs
-AddTarget:\\LABRDS01\BackupDC01$
-Schedule:13:00,21:00

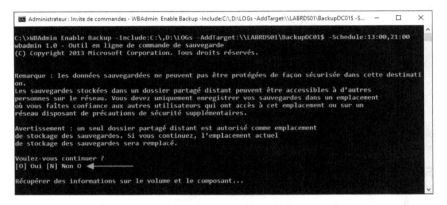

 Le paramètre –AddTarget est l'équivalent du paramètre –BackupTarget utilisé avec la commande WBAdmin Start Backup.

Vous êtes invité à confirmer l'opération en saisissant **O** comme « **O**ui ». De plus, prenez connaissance du message d'avertissent qui vous informe qu'un SEUL ET UNIQUE DOSSIER PARTAGE PEUT ETRE UTILISE COMME EMPLACEMENT DE SAUVEGARDE. En effet, une sauvegarde créée à l'aide de WBAdmin.exe ne peut être stockée sur plusieurs partages à la fois. La redondance des données de sauvegarde doit être effectuée au niveau du partage ou non pas au niveau de l'outil. Vous pouvez par exemple utiliser le service DFS-R fournit avec Windows Server 2012 R2 pour répliquer vos partages réseaux sur d'autre(s) nœud(s) (serveurs) du réseau, cela vous permettra d'assurer une haute disponibilité des services de fichiers.

Si toutefois vous décidez d'arrêter l'opération de sauvegarde, vous pouvez utiliser la commande suivante :
WBAdmin Stop Job

En outre, un récapitulatif de votre sauvegarde planifiée est affiché, cela vous permet de vérifier toutes les options configurées et confirmer (ou pas) votre opération :

```
Administrateur : Invite de commandes - WBAdmin Enable Backup -Include:C:\,...    —    □    ✕

Récupérer des informations sur le volume et le composant...

        Paramètres de la sauvegarde planifiée :

Récupération complète : Non inclus
Sauvegarde de l'état du système : Non inclus
Volumes à sauvegarder : DATADisk(D:) (Fichiers sélectionnés),OSDisk(C:)
Composants à sauvegarder : (null)
Fichiers exclus : Aucun
Paramètres avancés : Option VSS Backup (COPIE)
Emplacement d'enregistrement de la sauvegarde : \\LABRDS01\BackupDC01$
Heures du jour pour la sauvegarde : 13:00, 21:00

Voulez-vous activer les sauvegardes planifiées avec ces paramètres ?
[O] Oui [N] Non O_◄─────
```

Saisissez **O** pour activer votre sauvegarde planifiée. Lancez la console MMC « Sauvegarde Windows Server » pour vérifier que votre sauvegarde planifiée a bien été créée. Cliquez sur le bouton « **Afficher les détails** » sous « **Prochaine sauvegarde** » :

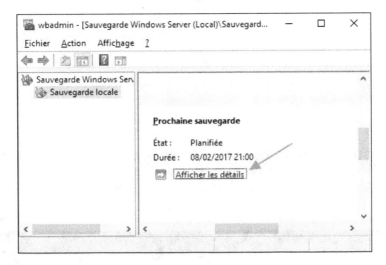

La boite de dialogue suivant apparait et vous affiche toutes les informations concernant votre sauvegarde planifiée :

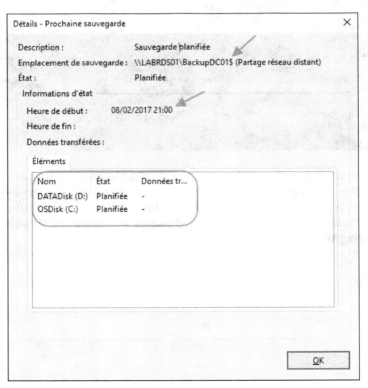

Auditer les sauvegardes et les éléments de récupération

WBAdmin inclut deux commandes qui vous permettent d'obtenir des informations détaillées sur vos sauvegardes et les éléments de récupération qu'elles contiennent.

Il s'agit des commandes :
- **WBAdmin Get Version**
- **WBAdmin Get Items**

Get Version vous permet de lister les informations de configuration d'une ou plusieurs sauvegardes.

Lancez l'invite de commande depuis votre DC LABDC01 et saisissez **WBAdmin Get Versions** pour prendre connaissances des informations collectées et retournées par cette commande :

Comme illustré dans l'image ci-dessus, trois versions de sauvegardes sont disponibles pour le DC LABDC01. Il est aussi indiqué que les trois sauvegardes peuvent récupérer le(s) volume(s), fichier(s) et dossier(s). De plus, la troisième sauvegarde peut également récupérer l'état du système.

Quant à Get Items, celle-ci vous permet d'obtenir des informations détaillées sur les éléments de sauvegarde à partir desquels vous pouvez réaliser une récupération : récupération de volumes, dossiers, fichiers ou encore l'état du système).

Contrairement à la commande WBAdmin Get Versions, L'exécution de la commande WBAdmin Get Items nécessitent l'utilisation du paramètre **–version**.

La valeur du paramètre –version peut être collectée via l'utilisation de la commande WBAdmin Get Versions.
Notez la valeur du champ : **Identificateur de version**

Dans l'exemple suivant, nous allons collecter des informations sur la dernière sauvegarde dont l'ID de version est 02/09/2017-16 :14 :

WBAdmin Get Items -version:02/09/2017-16:14

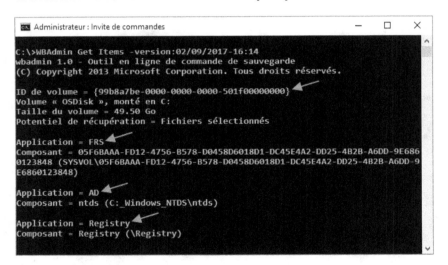

Restauration du système et des données

Si vous souhaitez restaurer /récupérer l'état du système de votre DC, la commande suivante est à utiliser. Dans l'exemple suivant, nous allons restaurer l'état du système du 09/02/2017 à 16:14 :

WBAdmin Start SystemStateRecovery -version:02/09/2017-16:14

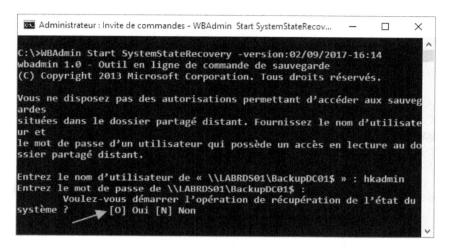

Maintenant, connectez-vous sur le serveur LABRDS01 et supprimez un des deux dossiers (D:\APPs ou D:\DATA), utilisez ensuite la commande suivante pour le restaurer :

Start-WBFileRecovery -BackupSet $MaStrategie `
-SourcePath D:\APPs -Recursive -TargetPath D:

Avant d'envisager une restauration d'objet (fichier ou dossier) à partir d'une sauvegarde, vous pouvez utiliser la Cmd-Let Get-WBBackupSet pour vérifier si l'élément à restaurer fait bien parti de votre sauvegarde.

Générer des rapports de sauvegarde

Lors de mes interventions chez différents clients, j'ai constaté que les IT sur place ont souvent du mal à répondre aux questions suivantes:

- Vérifiez-vous régulièrement le bon déroulement /réalisation des sauvegardes ?
- Vos sauvegardes sont-elles testées et validées ?

- Avez-vous déjà effectué une restauration à partir des sauvegardes réalisées suite à un incident /crash d'un ou plusieurs serveurs ?

Il faut savoir que le reporting des sauvegardes est un élément critique et important pour toute direction informatique.

Réaliser des sauvegardes c'est bien, mais savoir les utiliser en cas de problème est OBLIGATOIRE.

Quand vous réalisez vos sauvegardes, vous devez vous assurer que celles-ci ont bien été effectuées, car il arrive parfois que des sauvegardes échouent suite à une saturation d'espace disque (sur l'emplacement de sauvegarde) ou simplement à cause d'un problème de performance lié au serveur Windows Server.

Vous pouvez utiliser le script PowerShell suivant pour générer un rapport quotidien sur vos sauvegardes et le recevoir automatiquement par mail (mail de notification) sur une adresse email que vous spécifierez dans le code du script.

Notez que ce script vous détaillera également les éventuels messages d'erreurs remontés au niveau des journaux d'événements de Windows, plus précisément les journaux liés à la fonctionnalité « Sauvegarde Windows Server ».

Il suffit de remplacer les valeurs utilisées dans le script par celles qui correspondent à votre environnement, enregistrer les modifications, exécuter le script et le tour est joué ☺.

```
# Définir le rapport
$Date = Get-Date
$DateDemarrage = $Date.AddDays(-2)
$MonRapport = "Rapport de sauvegarde pour $Env:LABRDS01 du $Date`n"

# Collecte d'informations sur le jeu de sauvegarde
$MonRapport += "`tBackup Sets"
$MonRapport += Get-WBBackupSet |
Where-Object BackupTime -gt $DateDemarrage | Out-String
Get-WBBackupSet | where BackupTime -gt $DateDemarrage |
Out-String

# Création d'une collection de journaux d'événements
importants
$MonRapport += "`Messages des journaux d'événements"
$Evenements = 1, 4, 5, 8, 9, 14, 17, 18, 19, 20, 21, 22,
49, 50, 52,
```

```
100, 224, 227, 517, 518, 521, 527, 528, 544, 545, 546,
561, 564,
612

# Recherche d'événements sur les journaux d'événements
windows
$MonRapport += Get-WinEvent -LogName "Microsoft-Windows-
Backup" |
Where-Object {$_.TimeCreated -ge $DateDemarrage} |
Where-Object {$Evenements -contains $_.ID} |
Format-Table TimeCreated, LevelDisplayName, ID, Message |
Out-String

# Recherche de messages d'erreurs dans les journaux liés
aux "Sauvegardes"
$MonRapport += "`Journaux d'erreurs Sauvegarde Windows
Server"
$Journaux = Get-ChildItem
C:\Windows\Logs\WindowsServerBackup\*.log |
Where-Object LastWriteTime -gt $DateDemarrage
$MonRapport += $Journaux | Select-String "^Erreur" | Out-
String

# Envoi de notification par mail
Send-MailMessage -From Notification@BecomeITExpert.com `
-To Admin@BecomeITExpert.com -SmtpServer
mail.BecomeITExpert.com ` -Body $MonRapport `
-Subject "Rapport de Sauvegarde pour $Env:LABRDS01 du
$Date"

#Enregistrer et planifier le script de sauvegarde à l'aide
du Planificateur de tâches
# Définir l'action à exécuter
$Action = New-ScheduledTaskAction -Execute `
"%SystemRoot%\system32\WindowsPowerShell\v1.0\powershell.e
xe"
-Argument "C:\Script2Sauvegarde.ps1"

# Planifier l'exécution de la tâche
$DeclencheurTache = New-ScheduledTaskTrigger -Daily -At
10pm

# Définir le compte utilisateur pour l'exécution de la
tâche planifiée et script
$UtilisateurTache = "BecomeITExpert\UtilisateurScriptADM"
$Mot2PasseTache = 'MyP@$$w0rd*'

# Nommer et enregistrer la tâche
$NomTache = "Rapport de sauvegarde quotidien"
Register-ScheduledTask -TaskName $NomTache -Action $Action
`
-Trigger $DeclencheurTache -User $UtilisateurTache -
Password $Mot2PasseTache
```

 Pour pouvoir recevoir les notifications par mail, vous devez vous assurer que le serveur depuis lequel vous exécutez le script arrive bien à communiquer avec votre serveur SMTP (local ou public) : checker les flux ☺
>> e.g : SMTP 25/TCP

Le script de sauvegarde que vous devez avoir dans votre "Toolbox"

Un script qui vous permet d'automatiser la création de votre sauvegarde a été développé et mis en téléchargement gratuit sur Microsoft TechNet, il est disponible à l'URL suivante : https://gallery.technet.microsoft.com/scriptcenter/The-ultimate-backup-script-819e52ee

Il vous permet également de configurer les options de votre serveur /service SMTP pour la notification par mail.

Ci-après le contenu du script :

```
####################################################
# Main
####################################################

# Check the prerequisites
if ( -not(Check-Prerequisites) )
{
    $JobResult.State = "ERROR"
    Generate-Report
}

$JobResult.BackupType = $BackupType
Write-log "Backup type: $BackupType" -Path $LogFile -
Indent $script:Indent

$OptionsMsg = "Options: "

if ( $Compress )
{
    $Options += "`nCompress"
}
if ( $Sync )
{
    $Options += "`nSync"
}

if ( $Notify )
{
    $Options += "`nNotify"
}

Write-log $Options -Path $LogFile -Indent $script:Indent
```

```
# Return the backup type and define the rotation
$RotationType = Set-BackupType

# Launch the backup rotation (based on the backup type)
Run-Rotation $RotationType

# Get the backup files list (based on the backup type)
$BackupsFiles =  Get-BackupFiles $RotationType

# Evaluate space
$SpaceAvailable = Get-FreeDiskSpace "localhost" (Split-
Path $HomeBkpDir -Qualifier)

if ($BackupsFiles -ne $null)
{
    if ($BackupsFiles.count -eq $null)
    {
        $SpaceNeeded = Get-
BackupSize ($HomeBkpDir,$BackupsFiles -join "\")
    }
    else
    {
        $SpaceNeeded = Get-
BackupSize ($HomeBkpDir,$BackupsFiles[0] -join "\")
    }
}
else
{
    [int] $SpaceNeeded = $script:Config.CONFIG.GENERAL.Min
inumSpaceInGB
    Write-log -Message ($($Messages.get_Item(13)) -
f $SpaceNeeded) -Indent $script:Indent -Path $LogFile -
Level "Warning"
    $JobResult.Message += $Messages.get_Item(13) -
f $SpaceNeeded
}

# Compare the space needed with the space available
if ( $SpaceNeeded -ge (Get-
FreeDiskSpace "localhost" (Split-Path $HomeBkpDir -
Qualifier)) )
{
    if ( $BackupsFiles -eq $null )
    {
        Write-log -Message $Messages.get_Item(14) -
Indent $script:Indent -Path $LogFile -Level "Error"
        Generate-Report
    }
    else
    {
        Remove-Backup $BackupsFiles[0]
```

```
        if ( $SpaceNeeded -ge (Get-
FreeDiskSpace localhost (Split-Path $HomeBkpDir -
Qualifier)) )
        {
            Write-log -Message $Messages.get_Item(15) -
Indent $script:Indent -Path $LogFile -Level "Error"
            Generate-Report
        }
    }
}


# Launch backup
Run-Backup

# Identify the current backup folder
$BackupTempFolder = (Split-Path $HomeBkpDir -
Qualifier),"WindowsImageBackup" -join "\"

# Compress WindowsImageBackup folder if specified
if ($Compress)
{
    if (Get-JobResult)
    {
        if ( Test-Path $BackupTempFolder )
        {
            # Compress and synchronize folder
            if (Compress-Backup $BackupTempFolder)
            {
                if ($Sync)
                {
                    Sync-Backup
                }
            }
        }
    }
    else
    {
        if ( Test-Path $BackupTempFolder )
        {
            Remove-Item -Path $BackupTempFolder -Recurse -
Force -Confirm:$false -ErrorAction SilentlyContinue | Out-
Null
        }
    }
}
else
{
    $JobResult.Compression = "DISABLED"

    if (Get-JobResult -and Test-Path $BackupTempFolder )
    {
```

```
        $BackupDestination = $HomeBkpDir,$BackupFolder -
join "\"

        if ( $BackupDestination )
        {
            Remove-Item -Path $BackupDestination -
Recurse -Force -Confirm:$false -
ErrorAction SilentlyContinue | Out-Null
        }

        Move-Item -Path $BackupTempFolder -
Destination $BackupDestination -Force -Confirm:$false -
ErrorAction SilentlyContinue | Out-Null

        # Synchronize folders
        if ($Sync)
        {
            Sync-Backup
        }
    }
    else
    {
        if ( Test-Path $BackupTempFolder )
        {
            Remove-Item -Path $BackupTempFolder -Recurse -
Force -Confirm:$false -ErrorAction SilentlyContinue | Out-
Null
        }
    }
}
```

Ce script peut être exécuté sur :

- Windows Server 2008 R2
- Windows Server 2012
- Windows Server 2012 R2
- Windows Server 2016

Le code ci-dessous a été extrait du script original proposé par son développeur. N'hésitez pas à modifier /traduire les commentaires si nécessaire.

Les sauvegardes sont-elles chiffrées ?

C'est une question qui m'a souvent été posée par plusieurs clients, et la réponse est Non !

Il faut savoir que par défaut, les fichiers de sauvegardes générés par la fonctionnalité « Sauvegarde Windows Server 2012 R2 » ne sont pas chiffrés.
C'est le cas aussi pour les versions antérieures : Windows 2012, 2008 R2 et 2008, mais aussi Windows Server 2016.

En effet, il suffit de parcourir l'emplacement (répertoire /partage réseau) spécifié lors de la configuration de la sauvegarde pour localiser les fichiers de sauvegardes et les récupérer par un simple copier /coller vers un support de stockage amovible ou un autre emplacement sur le réseau.

De plus, quand vous réalisez une sauvegarde complète incluant C:\, un fichier de disque virtuel (.VHDx) est généré pour la partition système du serveur sauvegardé. Vous pouvez simplement monter (Mapper) le VHDx au niveau de l'explorateur de Windows ou Gestionnaire de disque, lui assigner une lettre et parcourir ensuite ses dossiers et fichiers

Les fichiers de sauvegardes générés par la Fonctionnalité "Sauvegarde Windows Server" ne sont pas chiffrés par défaut !

Pour chiffrer et protéger vos fichiers de sauvegarde, vous pouvez utiliser la fonctionnalité « BitLocker », fournie par défaut avec Windows Server 2012 R2.

BitLocker s'appuie sur un système de verrouillage et déverrouillage (par mot de passe) de disque. Quand votre serveur est démarré, vos disques sont généralement déverrouillés et accessibles pour permettre une lecture et écriture des données qui y sont stockées.

Si toutefois vos disques sont « Locked », le processus de sauvegarde s'arrête immédiatement vu qu'aucune écriture sur disque (local ou distant) ne sera possible.

De plus, vos fichiers de sauvegardes sont chiffrés et protégés uniquement lorsque les disques qui les hébergent sont verrouillés, lorsque ces derniers sont accessibles, les données de sauvegardes peuvent être récupérées comme c'est le cas pour les disques non chiffrés par BitLocker.

Une solution de contournement assez simple existe !
Créer des tâches planifiées qui permettent un déverrouillage et verrouillage automatique des disques avant et après le processus de sauvegarde.

Chiffrement de disque avec « BitLocker »

BitLocker est une fonctionnalité native dans les OS Windows client (Windows 7 à Windows 10) et Server (Windows Server 2008 R2 à 2016).

Il s'agit d'une technique de chiffrement de lecteur qui est utilisée pour sécuriser vos données par mot de passe. Les données sont cryptées à l'aide d'un algorithme de chiffrement fort ce qui vous confère une sécurité maximale. BitLocker Drive Encryption chiffre vos données de sorte que même si votre système d'exploitation n'est pas démarré, les données restent cryptées.

Cette fonctionnalité peut être utilisée pour chiffrer les disques et/ou volumes dans lesquels vos fichiers de sauvegardes sont stockés.

Il est recommandé d'utiliser BitLocker pour chiffrer les disques /volumes qui stockeront les fichiers de sauvegarde générés par la fonctionnalité « Sauvegarde Windows Server ».

Un eBook sur la conception et implémentation de BitLocker sera bientôt disponible sur BecomeITExpert.com, so stay in touch ☺.

Limitations de la fonctionnalité « Sauvegarde Windows Server »

La fonctionnalité « Sauvegarde Windows Server » ne peut pas être utilisée pour sauvegarder des fichiers et des dossiers sur des volumes qui occupent plus de 2040 Go (ou 2 To).

Toutefois, tant que la taille des données est inférieure à 2 To, vous pouvez sauvegarder des fichiers ou des dossiers. Par exemple, vous pouvez sauvegarder jusqu'à 1,5 To de données à partir d'un volume de 3 To. Mais lors de la récupération /restauration d'un serveur (entier) ou d'un volume, l'assistant recréera un volume de 2 To uniquement, et non pas de 3 To.

 La Fonctionnalité "Sauvegarde Windows Server" ne permet pas la Sauvegarde des données stockées sur un volume avec une capacité supérieure à 2 To.

D'autres limitations existent, à savoir :

- Vous ne pouvez pas utiliser de lecteurs de bande comme emplacement de stockage de sauvegarde.
- Vous ne pouvez pas stocker vos sauvegardes sur des disques au format FAT32. Les disques doivent être au format NTFS, car la Sauvegarde de Windows Server utilise des clichés instantanés pour conserver les versions de sauvegarde.
- Vous ne pouvez pas stocker vos sauvegardes sur des disques mémoire flash USB ou des clés USB.
- Pas du support de l'incrémentiel depuis un stockage réseau de type NAS

Ces limitations doivent être prises en compte lors de l'élaboration de votre politique de sauvegarde basée sur la fonctionnalité « Sauvegarde Windows Server ».

Déléguer les tâches de sauvegarde

Les différentes tâches et opérations de sauvegarde peuvent être déléguées à un utilisateur standard du réseau (Technicien ou Admin en astreinte, Prestataire externe...etc)

L'appartenance aux groupes « Administrateurs » (locaux) ou « Admins du domaine » n'est pas un prérequis pour planifier, configurer et modifier les sauvegardes ou récupérer un serveur, volume, dossier ou fichier.

Il existe en effet un groupe de sécurité nommé « **Opérateurs de sauvegarde** », auquel vous pouvez ajouter les comptes des utilisateurs du réseau pour leur attribuer le droit de créer et gérer les sauvegardes et récupérations de serveurs.

Ce groupe fait partie des groupes locaux sur les serveurs membres (disponibles depuis la console **LusrMgr.msc**) mais aussi des groupes locaux prédéfinis que vous retrouvez dans le conteneur « **Builtin »** sur la console DSA.msc (Utilisateurs et Ordinateurs Active Directory).

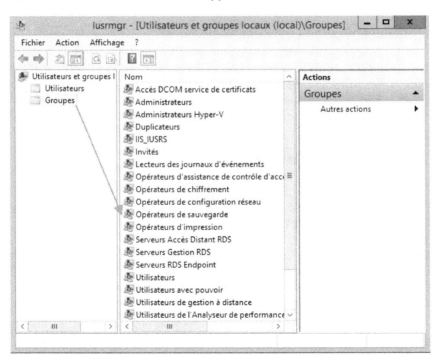

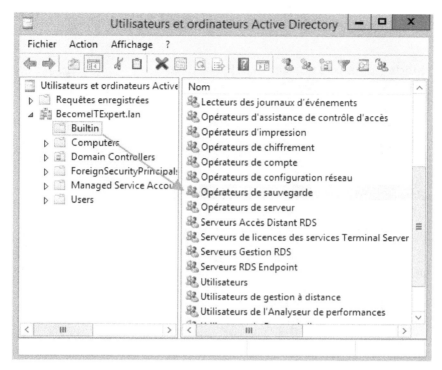

Créez un nouvel utilisateur sur votre annuaire AD et ajoutez le dans le groupe « Opérateurs de sauvegarde ». A l'aide de ce compte, réalisez une opération de sauvegarde telle que la création d'une sauvegarde planifiée et notez ensuite le résultat !

Liens et documentations utiles

Cette section regroupe plusieurs liens utiles qui vous permettront d'approfondir vos connaissances sur la fonctionnalité « Sauvegarde Windows Server » ainsi que ses différents outils associés.

-Utiliser BitLocker pour chiffrer les disques de sauvegardes Windows Server :

https://technet.microsoft.com/en-us/library/hh211414(v=ws.11).aspx

-Guide pas à pas sur l'outil WBAdmin.exe :
https://technet.microsoft.com/fr-fr/library/cc754015(v=ws.11).aspx

-Guide pas à pas sur le module PS WindowsServerBackup :
https://technet.microsoft.com/library/jj902428.aspx

-Sauvegarde de Windows Server – Guide MS TechNet :
https://technet.microsoft.com/en-us/library/cc753528(v=ws.11).aspx

-Guide pas à pas de la fonctionnalité « Sauvegarde Windows Server » sous Windows Server 2008 R2 | cet article s'applique également à Windows Server 2012 et 2012 R2 :
https://technet.microsoft.com/en-us/library/4800300d-b103-486f-9e5e-ae0c04182e4a#BKMK_WPS_object

A propos de l'auteur

Hicham KADIRI est Architecte Spécialiste Infrastructures Microsoft. Il est Microsoft MVP (Microsoft Most Valuable Professional) Cloud and Datacenter Management et certifié Microsoft MCSA, MCSE, MCTS, MCITP et MCT.

Il est en charge de toutes les phases de mise en œuvre des infrastructures systèmes et Virtualisation : conception, maquettage, pilotage et déploiement. Il est aussi référent technique pour les clients grands comptes nationaux et/ou internationaux et participe à des projets d'envergure de migration et de rationalisation d'infrastructure.

Enfin, il transmet au lecteur, à travers ce livre, toute son expertise et retours d'expérience sur la fonctionnalité « Sauvegarde Windows Server » fournie avec Windows Server 2012 R2.

Découvrez mes autres Books /eBooks

D'autres eBooks sont disponibles sur :
https://BecomeITExpert.com

www.ingramcontent.com/pod-product-compliance
Lightning Source LLC
Chambersburg PA
CBHW061036050326
40689CB00012B/2863

* 9 7 8 1 5 4 3 0 5 4 8 5 9 *